AF227065

DES

DOCTRINAIRES,

ET DE L'ARTICLE DE M. GUIZOT

SUR

LA DEMOCRATIE DANS LES SOCIÉTÉS MODERNES,

INSÉRÉ DANS LA REVUE FRANÇAISE.

Par BENJAM,

Auteur des *Considérations sur la Politique*, et de l'*Examen du Contrat social*.

PARIS,

DESFORGES, LIBRAIRE,

RUE DU PONT-DE-LODI, N° 8.

—

1838.

SÉZANNE. — IMPRIMERIE DE DAVID.

AVANT-PROPOS.

L'importance du sujet, qui résume toute la politique, servira d'excuse à quelques retards survenus dans la publication de ce petit écrit. Voici au surplus les principes qui lui servent de base, et que je me suis attaché à établir dans un ouvrage intitulé : *Considérations sur la Politique*, dont la seconde édition a paru en 1822 (*).

Le Gouvernement *républicain* est appelé par la nature des choses dans tous les pays où la population est uniquement ou principalement composée de propriétaires ;

(*) Un volume in-8°. Paris, de l'imprimerie de David ; chez Wilbert et Delaunay.

Quand les prolétaires atteignent un certain nombre , le Gouvernement devient *aristocratique.*

Il se transforme en *monarchie* quand les prolétaires sont devenus extrêmement nombreux ; en sorte que la forme du Gouvernement résulte de l'étendue de la propriété territoriale et de la manière dont elle est répartie.

Le *Roi* est à la fois le Chef du Gouvernement et le représentant spécial des prolétaires , qu'il a pour mission de protéger et de contenir.

Tous les pays libres sont ceux où l'impôt est voté, accordé par les propriétaires ou par leurs délégués.

Les institutions politiques reposent sur ce petit nombre de vérités à l'aide desquelles on peut juger de leur stabilité ou de leur degré de bonté relative.

Ce qui arrête les progrès de la politique, envisagée comme science , ce qui la rend stationnaire, rétrograde, et la fait souvent dévier,

c'est la nécessité où elle est d'épouser les intérêts, les besoins et les passions de chaque
époque. Or, les intérêts et les passions, quand
il est pour eux question de se satisfaire, sont
toujours prêts à nier l'évidence.

DES DOCTRINAIRES,

ET DE L'ARTICLE DE M. GUIZOT,

SUR LA DÉMOCRATIE DANS LES SOCIÉTÉS MODERNES,

INSÉRÉ DANS LA REVUE FRANÇAISE.

***

M. THIERS, orateur et historien distingué, qui avait débuté sous Charles X par être rédacteur du *National*, journal républicain, a marché sous la bannière des doctrinaires pendant les premières années de la révolution de juillet, lorsque M. Guizot occupait le ministère. Plus tard, il s'est aperçu que les doctrinaires étaient en discrédit, qu'ils n'avaient aucune chance prochaine de ressaisir le pouvoir. Alors, se reportant vers la gauche, il s'est jeté dans le tiers-parti, et a repoussé les avances que les doctrinaires lui ont faites par l'entremise de M. Guizot, pour l'engager à se rallier à eux et à aider le Gouvernement de son influence. M. Thiers a apprécié le mouvement de l'opinion, qui s'écarte tellement des doctrinaires, que cette qualification est presque devenue un titre de réprobation aux yeux d'un grand nombre d'électeurs auxquels les républicains ont communiqué leurs antipathies. Nous voyons dans cette altération de l'esprit public une preuve des progrès des idées démocratiques. Les opinions de M. Guizot sont favorables à la royauté ; elles ne sont que très-faiblement aristocratiques ; elles suffisent tout au plus à justifier l'existence de la Pairie viagère, telle que nous l'a conservée la Charte de 1830. M. Guizot est en effet dominé par l'idée de la prépondérance des classes moyennes ; mais il sent vivement l'importance de l'ordre ; il n'admet la démocratie des classes moyennes qu'à la condition que cette puissance, un peu turbulente de sa nature, soit contenue par des lois fortes, qui mettent le trône et la société à l'abri de toute secousse. C'en est assez pour lui attirer l'animadversion des partis.

Veut-on savoir quel est le vice de son système ? C'est que les mesures répressives qu'il a contribué à faire adopter ne trouvent pas dans ses doctrines une raison suffisante pour motiver leur existence autrement que par la nécessité ; aussi ces fameuses lois de septembre, cachet de la politique de M. Guizot, demeurent-elles suspendues sans exécution comme une simple menace. D'une part, on n'ose en répudier l'héritage ; d'autre part, quoiqu'elles aient à peine fait une légère blessure au parti démagogique, il pousse contre elles des cris de fureur. Le point d'appui qui manque au système politique de M. Guizot et qui se retrouve quelquefois dans la frayeur de la Chambre des Députés, ce point d'appui dont l'absence est fort à regretter, devrait consister, non dans la force isolée du pouvoir royal, non dans l'instruction prodiguée aux classes moyennes et inférieures, comme il a l'air de le penser; mais dans une loi d'élection plus restrictive, et dans l'hérédité de la Pairie, dont l'abolition laisse un grand vide dans notre organisation politique. Mais l'opinion et nos institutions repoussent ces gages de sécurité. Il faut donc se résigner; il faut naviguer avec les voies d'eau que renferme le navire de l'État. Désormais, quand on discute des lois d'ordre et de conservation qui quelquefois deviennent nécessaires; quand on agite certaines questions épineuses, parce qu'elles blessent les préjugés de la démocratie, il convient, selon quelques personnes, dont le sentiment n'est pas absolument à dédaigner, de se perdre dans une obscurité habilement concertée, afin d'éviter d'irriter les esprits, en invoquant des principes auxquels on ne croit plus.

Les réflexions qui précèdent expliquent, si elles sont volontaires, les subtilités et les abstractions métaphysiques dont s'enveloppent les doctrinaires. On serait tenté de croire qu'ils n'osent ou ne peuvent dire toute leur pensée. Peut-être aussi, s'abusant eux-mêmes, évitent-ils de se rendre un compte précis de leurs convictions. C'est un reproche qu'on ne peut faire à M. Henri Fonfrède et à M. Le Chevalier, rédacteur du *Journal de Paris*. L'un et l'autre appartiennent à l'école de Casimir Périer. Ce sont les doctrinaires, moins l'obscurité, des hommes d'État, moins l'opportunité dont ils ne tiennent pas assez compte, en quoi ils diffèrent de leur illustre patron, qui, du reste, se serait bien gardé d'épuiser en paroles irritantes pour les factions une énergie qu'il savait réserver pour les combattre. Aussi sont-ils mis au ban des libéraux, sont-ils dépouillés d'influence, et le parti exagéré voit-il en eux les ultra-royalistes de l'époque.

Les doctrinaires, par suite de l'affaiblissement des idées favorables au pouvoir, n'ont de crédit que dans les momens de crise et dans ceux où la nation est agitée par quelque sentiment d'épouvante. Leurs adversaires, dès que le calme renaît, prennent à tâche de les désigner, principalement M. Guizot, comme des hommes de terreur qui ne soupirent qu'après l'établissement d'une législation draconienne.

M. Guizot, qui n'aime pas le repos, qui n'a pas renoncé à jouer un rôle politique, qui écrit quand il ne peut agir, et qui, du reste, est blessé par les attaques dont il est l'objet, lance souvent des professions de foi dans le public, soit du haut de la tribune, soit dans certains recueils périodiques qui paraissent sous ses auspices.

Nous avons déjà analysé les discours remarquables qu'il prononça, la session dernière, à la Chambre des Députés, le 5 et le 5 mai 1857 (*) ; il ne sera pas sans intérêt maintenant de soumettre à un examen analogue l'article qu'il a fait insérer dans la *Revue Française* du 15 novembre 1857, sur l'ouvrage de M. Alletz, intitulé : *De la Démocratie des classes moyennes*, et sur celui de M. Billard, sur l'*Organisation démocratique de la France ;* ou, pour mieux dire, à l'occasion de ces deux publications récentes.

Nous observerons d'abord que le mot *démocratie* n'est qu'un terme co-relatif de celui d'*aristocratie.* Ainsi, quand il y a démocratie quelque part, il faut

(*) *Principes de Politique, appliqués à l'examen du Contrat Social,* p. 163. Impr. de David. Paris, 1887. Chez Desforges.

qu'il y ait à côté une aristocratie plus ou moins développée. Si tous les citoyens étaient égaux, il n'y aurait qu'une situation politique dans l'État. Le pays serait en république pure, et non point en démocratie.

On fait ici un emploi abusif de cette dernière expression. Dans un pays où la démocratie, le grand nombre, les classes inférieures gouvernent, il y a nécessairement des classes supérieures ; il y a un petit nombre de riches et de grands, ou, en d'autres termes, une aristocratie qui est gouvernée, et dont la voix n'est que faiblement écoutée, en sorte que la prépondérance politique, qui jadis lui appartenait, se trouve transportée aux classes moyennes et inférieures. Dans les pays qui possèdent une aristocratie, une situation dont les intérêts diffèrent de celle de la masse de la nation, à peu près de la même manière, mais dans une nuance moins forte, que les intérêts des riches diffèrent de ceux des pauvres, les classes supérieures doivent-elles être foulées aux pieds, mises de côté, dépouillées de toute influence politique? Voilà la question que résout M. Alletz dans le sens républicain, M. Billard dans le sens démagogique; car il est à remarquer que l'un et l'autre de ces deux publicistes sont plus libéraux en quelque sorte que les doctrines qu'ils professent. L'un voudrait s'en tenir à la démocratie royale; l'autre à la république pure, une et indivisible. Mais ils seraient bien vite débordés, comme l'ont été dans la révolution française et les démocrates royaux partisans de la constitution de 1791, et les républicains honnêtes.

La question que nous venons de poser, la Charte de 1830 l'a résolue, en nous laissant une pairie viagère, une noblesse nominale, une royauté assez amplement dotée sous le rapport de ses attributions, une loi électorale qui , en excluant les capacités pauvres, turbulentes et faméliques, ne confère du moins qu'à la propriété foncière le droit de voter l'impôt.

Voilà la question que **M.** Guizot remaniant aujourd'hui théoriquement, place involontairement dans le vague et dans l'obscurité, et dont il complique et compromet la solution, en concédant que la société nouvelle est toute démocratique, et que sa politique doit s'adapter à cette condition. Observation fausse et contre laquelle il faut protester, mais qui, si elle était vraie, donnerait gain de cause aux républicains, et légitimerait à l'instant l'abolition de la pairie, et par conséquent le changement de la constitution. Ce n'est pas tout, M. Guizot affectant une inexpérience qu'on ne peut lui supposer, n'ose juger la démocratie. Il a l'air de regarder l'influence popu-

laire que nous sommes, dit-il, appelés à subir, comme
un procès dont personne ne connaît encore quelle
sera l'issue.

« La Providence, le temps, le pouvoir, dit-il, ont
» seuls le droit et le pouvoir de fixer les destinées fu-
» tures de la démocratie; Dieu seul sait ce qu'il fau-
» dra de générations pour mettre dans leur vrai jour
» sa nature et sa destinée ; les idées démocratiques
» entr'autres commencent à peine à être entrevues
» et comprises. »

M. Guizot cependant dans l'article même que
nous analysons, a très-bien défini la démocratie ;
il a affirmé « que c'est le drapeau du grand nombre
» placé en bas contre le petit nombre placé en
» haut ; » et rappelant ce qu'en avaient pensé les
républiques anciennes, il nous confirme que « la dé-
» mocratie était regardée comme le plus grand pé-
» ril de la société ; comme l'empire absurde, dé-
» réglé des pauvres sur les riches, des ignorans
» sur les sages , de la multitude sur l'élite de la
» cité. »

Voilà en effet ce qu'est la démocratie en elle-même
et sans contre-poids. Mais hâtons-nous d'observer
que tel n'est pas heureusement le régime où nous
vivons, et où règne une hiérarchie suffisante en général pour maintenir l'ordre ; car il est bon de relater

ici que l'ordre ne s'établit que par certaines inégalités bien graduées.

L'erreur commise par M. Guizot consiste à confondre la prééminence des classes moyennes, ou le système républicain , système excellent partout où il est praticable ; mais qui, partout où il ne l'est pas, dégénère bien vite en démocratie , avec la démocratie même qui est la domination de la multitude ignorante et pauvre , non-seulement sur la partie très-riche et très-éclairée de la nation , mais même sur la classe moyenne et bourgeoise. Celle-ci , sans les grands d'une part, et de l'autre , sans la multitude , s'organiserait naturellement en république. — Cette classe moyenne , dans les États anciens et peuplés , ne pouvant faire disparaître ni la classe qui est au-dessus d'elle , ni celle qui est au-dessous , se trouve forcée , si elle veut vivre en paix , d'admettre à côté d'elle pour gouverner l'État d'une part , une aristocratie plus ou moins atténuée ; d'autre part , une royauté puissante pour protéger les basses classes, et au besoin pour les tenir en respect. De là le *Gouvernement représentatif*.

Par une préoccupation singulière , M. Guizot a mêlé dans ses réflexions, où brille du reste un rare talent , l'intérêt républicain essentiellement partisan de l'ordre et de la propriété , avec l'intérêt démocra-

tique dominé des mêmes sentimens que l'intérêt républicain par rapport à l'égalité et à la liberté, mais
qui n'a aucun respect pour la propriété, parce qu'il
n'y participe pas. M. Guizot a cru que les classes inférieures de la société étaient animées des mêmes sentimens, des mêmes opinions politiques que la classe
moyenne ; il a pensé que les propriétaires et les prolétaires pouvaient marcher sur la même ligne politique, et qu'il n'y avait des uns aux autres d'autre dif-
férence que celle qui dérive de l'instruction et des
lumières.

Les journées des 5 et 6 juin 1832, auraient dû le
détromper. La scission éclatante qui s'opère en ce
moment en Angleterre entre le parti radical et les
whigs qui, voyant la propriété menacée se rallient
aux tories, suffit aux yeux de tout observateur im-
partial pour placer la question sous son véritable
jour (*).

M. Guizot fait trop de concessions aux préjugés
politiques qui égarent le parti libéral. Au lieu de per-
sister à soutenir ouvertement les grands principes du
Gouvernement représentatif, la division des pouvoirs,
la représentation de la propriété par ceux qui payent
l'impôt, la limitation du droit de suffrage à ceux qui

(*) Dès que les propriétaires se divisent entr'eux, ils ouvrent la voie
aux anarchistes ; c'est ainsi que tous les États périssent.

ont au moins un intérêt territorial d'une médiocre importance, il cherche à propager d'autres principes salutaires sans doute, mais trop vagues, susceptibles d'être mal interprétés et dans l'énonciation desquels, par une sorte d'élimination conciliante, il évite de faire paraître les mots *d'aristocratie*, *d'inégalité sociale*, de *propriété*, de *royauté*, mots sacramentels en politique. Autant vaudrait, dans un traité de géométrie, exclure les expressions *angle*, *carré*, *triangle*, *hypothénuse*, etc.; on nagerait évidemment dans le vide, car un langage bien fait est pour ainsi dire une sorte de gouvernement constitutionnel où les idées sont représentées par les mots. Déguisant donc adroitement les termes qui pourraient blesser les opinions les plus ardentes, il borne son *credo* politique aux principes suivans qui, dit-il, sont les principes essentiels nécessaires de toute société régulière, stable; et s'appliquent également à tout État, soit démocratique, soit aristocratique, soit monarchique, soit républicain; savoir :

« L'unité persévérante de la pensée sociale représentée par le gouvernement;

» Le respect des pouvoirs publics;

» La répartition des droits selon la capacité;

» Les garanties des libertés partout, à tous les degrés de l'échelle sociale; mais le pouvoir en haut, car

» les affaires de la société sont hautes et ne peuvent
» être bien conduites d'en-bas. »

Ce sont là, dit M. Guizot, les maximes du bon sens
social, les principes élémentaires de l'ordre.

Sans nous arrêter à discuter ces maximes, à en faire
sentir l'insuffisance et le peu de cohérence, nous nous
bornerons à remarquer que ces considérations métaphysiques fussent-elles aussi justes, aussi claires
qu'elles le sont peu, ne constituent pas la véritable
politique et ne peuvent que troubler et égarer les esprits qui voudraient les prendre pour règle. Elles n'of-
frent ni base solide, ni point fixe auquel elles se rat-
tachent. Aussi dans l'article qui fait l'objet de ces
réflexions, M. Guizot se montre-t-il très-faible contre
les partisans d'une égalité exagérée. C'est au surplus
ce qui arrivera toujours lorsqu'en politique, par un
esprit de concession poussé à l'excès, on voudra faire
abstraction des idées de propriété et essayer de se pas-
ser, pour gouverner l'État, des droits conservateurs
qui en dérivent et qui sont l'origine et la source de
tous les droits politiques.

Le *Journal du Commerce* du 30 novembre reproche
au *Journal des Débats* qui a cité avec éloge l'article
de M. Guizot, de s'être fait démocrate, ainsi que
M. Guizot, et remarque que la France de juillet, six
ans arrêtée par les excès des partis, se remet en

marche. Les doctrinaires, ajoute-t-il, deviennent démocrates aujourd'hui, comme ils ont été révolutionnaires le 30 juillet, pour obtenir le pouvoir.

Laissant de côté pour ce qu'elles valent ces insinuations malignes, nous remarquerons que les doctrines de M. Guizot sont obscures, vagues, presqu'incompréhensibles, parce qu'il s'obstine à considérer indépendamment du droit de propriété, la souveraineté politique, qui devient claire, intelligible, saisissable dès qu'on la fait dériver du principe de l'intérêt territorial. La *souveraineté* réside en réalité dans la réunion des volontés de tous les propriétaires d'où résulte une volonté générale. Cette volonté générale s'exprime directement chaque fois qu'il y a moyen de le faire, mais cela n'a lieu seulement que dans la république pure. Elle s'établit par représentation et par voie de suffrage, d'une manière approximative et aussi régulièrement que possible, quand le temps, l'espace et les forces physiques manquent pour réunir la nation dans une même assemblée et ramener ses sentimens à une expression unique comme serait la voix d'un seul homme.

Si nous ne craignions de sortir des limites que nous nous sommes imposées, nous observerions que M. Guizot confond ensemble quatre choses distinctes : la liberté physique, la liberté morale, la liberté philosophique et la liberté politique (*). Dans ces quatre cas, les mots souveraineté et liberté sont synonymes et indiquent l'étendue du mode d'action ou de pouvoir dont nous jouissons. M. Guizot semble perdre de vue que ces quatre ordres de liberté se meuvent chacun dans une sphère à part et tout-à-fait indépendante. La liberté physique a pour base notre organisation et les lois du monde matériel ; la liberté morale a pour base et pour règle la religion et les principes de la morale ; la liberté philosophique, la raison pure ; la *souveraineté* politique, la seule qui devrait ici nous occuper, a pour base le droit de propriété. En effet, ainsi que l'a judicieusement remarqué Rousseau, l'homme qui possède a un intérêt direct au maintien de la société, tandis que l'individu non propriétaire a un intérêt contraire. Moins absolus que Rousseau, nous dirions, si nous avions la même pensée à exprimer, que le propriétaire a toujours un intérêt direct au maintien de l'ordre social, tandis que le prolétaire a ou croit avoir souvent un intérêt opposé.

Mais revenons à M. Guizot. Ces distinctions, qui sont réelles et faciles à saisir, lui ont complètement échappé.

(*) La première s'applique à notre corps, la seconde à notre âme, la troisième à notre raison, la quatrième à notre qualité de membre de la société.

Il nie, page 104, le principe de la volonté indivi-
duelle et de la souveraineté personnelle. Il conteste
que tout homme soit maître de lui-même, ce qui est
vrai, en fait, sans restriction, et ce qui est vrai, en
droit, tout autant que l'homme, en disposant de lui-
même, ne nuit pas à ses semblables.

Sortant ensuite de la considération de la liberté
morale, pour entrer dans le domaine de la politique,
il se méprend sur le sens d'une pensée de Rousseau
qui, lorsqu'il a dit que la volonté ne se *représente*
point, entendait évidemment le mot *représente* dans
un sens un peu différent que nous le ne faisons maintenant. Rousseau n'a certainement pas entendu dire
que des intérêts de même nature et des situations
semblables ne donnassent pas lieu à des volontés pa-
reilles et dont les unes ne fussent pas l'expression fi-
dèle des autres. S'il n'en était ainsi, les mandats, les
procurations seraient des actes illogiques et insensés.
Rousseau a seulement voulu dire que chaque homme
devait faire ce qu'il pouvait faire par lui-même, et
qu'il ne voyait pas pourquoi il chargerait un autre de
vouloir à sa place quand lui-même pouvait exprimer
sa volonté.

On sent que ce n'était pas le cas de la part de
M. Guizot, de combattre l'opinion de Rousseau sur le
régime représentatif dont Rousseau, théoriquement

parlant, ne voyait pas la nécessité, parce que rien ne lui semblait plus facile que d'organiser le monde en petits États, chacun de la grandeur d'un village. M. Guizot ne se borne pas à nier que l'homme soit maître de lui-même. Il conteste encore la forme populaire du principe et blâme ceux qui soutiennent que nul n'est tenu d'obéir qu'aux lois qu'il a consenties (*).

Nous emparant de cette maxime fondamentale repoussée par M. Guizot, nous espérons moyennant quelques légères explications, la faire adopter aux esprits les plus prévenus, car elle est la base et la source de la véritable liberté.

N'en déplaise à M. Guizot, nous affirmerons que, dans tout État libre, aucun citoyen n'est tenu d'obéir aux lois à moins de les avoir consenties, et surtout qu'il n'est tenu à payer aucun impôt sans l'avoir accordé, sans y avoir adhéré d'une manière plus ou moins formelle, sans en avoir senti la nécessité. Mais le vote effectif et direct n'est possible que dans le gouvernement républicain, où tous les citoyens sont propriétaires et le territoire très-limité. Dans les au-

(*) Il est sans doute inutile de faire observer qu'au moyen du vote annuel de l'impôt, les députés peuvent facilement obtenir la réforme des lois anciennes qui en sont susceptibles, et que toute loi dont l'existence n'est pas mise en discussion, est approuvée implicitement.

tres gouvernemens réguliers, le suffrage universel étant matériellement impossible, il devient absolument nécessaire, ou de renoncer à la liberté, ou de procéder par voie de représentation, pour présumer la volonté générale.

De même que dans tous les États vastes et abondamment peuplés, il est deux ordres de citoyens bien tranchés, les propriétaires et les prolétaires, il est aussi deux ordres d'adhésion. Le prolétaire donne son assentiment tacite aux institutions existantes, dont certaines, comme la royauté, sont consacrées à sa défense, ou bien, si le système de législation ne lui convient pas, libre à lui de sortir du territoire. Quant au propriétaire, il a des droits plus étendus. Il vote directement les lois et surtout n'est obligé à payer aucun impôt qu'après y avoir adhéré, soit directement dans une assemblée où ces sortes de questions se décident à la pluralité des voix, soit par l'organe de représentans nommés par lui et dont les intérêts ont avec les siens une conformité parfaite. Nous le demandons à M. Guizot, n'est-ce pas là tout ce que la justice, la raison et la liberté sont en droit de réclamer.

M. Guizot, égaré dans ses théories politiques, par l'obligation où il croirait être de concéder aux prolétaires le droit de suffrage, s'il admettait le principe que les lois, pour être obligatoires, doivent être consenties, va jusqu'à nier (page 212) que la majorité des suffrages doive décider de leur adoption, ou leur imprimer le caractère qui commande l'obéissance. C'est cependant une chose vraie (*) ; seulement, nous le répétons, il faut avoir soin d'écarter des délibérations les prolétaires qui n'ayant rien, ne peuvent rien payer, rien accorder, et bien moins encore voter pour ceux qui possèdent et leur imposer des obligations dont eux-mêmes se trouveraient exempts.

M. Guizot n'admet point les principes que nous venons d'exposer, quoiqu'il ne les repousse pas ostensiblement. Sentant néanmoins la nécessité de limiter le droit de suffrage, il le retranche aux prolétaires, mais sans les nommer. Il se borne à les exclure de la faculté de participer à la confection des

____

(*) Quelques dialecticiens subtils diront peut-être que ce n'est pas le vote de la majorité qui rend ces lois obligatoires, mais leur conformité à la raison. Nous en convenons ; mais en ajoutant que la meilleure preuve de conformité à la raison, c'est le vœu d'une majorité sainement composée, et dont les membres, pour être justes, ne soient pas placés entre leur intérêt et leur conscience, ce qui ramène la question sur son véritable terrain. Il n'y a pas de règle sans exception. Pour qu'une loi votée par la majorité ne soit pas obligatoire, il faut qu'il soit aussi clair qu'elle est injuste, qu'il est clair que deux et deux font quatre. C'est ainsi que, pour être autorisé à désobéir à son père, il faut avoir pour soi plus que l'évidence

...si, en arguant de leur ignorance et de leur incapacité, et en les mettant au rang des femmes, des mineurs et des interdits. Selon lui, le droit politique
réside seulement dans la capacité, dans l'instruction
et dans la conformité des lois avec la raison et les
principes du droit.

Ces deux derniers élémens d'une bonne législation
n'ayant jamais été mis en contestation, quoiqu'ils
ne soient pas susceptibles d'une évaluation pré-
cise, sont tout à fait en dehors de la question,
qui ne roule pas, comme a l'air de le croire
M. Guizot, sur le fait de savoir si l'on pourra
faire des lois contre le droit, la morale et la raison ; mais sur le point de savoir qui sera autorisé
à faire les lois, et de quelle nature sera la majorité
qui les votera.

M. Guizot redoute avec raison le suffrage universel ; mais ne trouvant aucun moyen logique de le
repousser, par la manière vicieuse dont il a engagé
la discussion et parce qu'il a manqué de faire en
temps opportun la distinction essentielle entre les
prolétaires et les propriétaires, distinction adoptée
par tous les écrivains politiques de l'antiquité, il
se met à faire le procès à la majorité. Il déclare que
l'autorité du nombre ne doit avoir aucune influence
en politique, parce qu'il en résulte directement l'op-

pression des minorités. Aimerait-il mieux, par hasard, oubliant cet axiôme, que les majorités doivent non-seulement se compter, mais encore se peser, aimerait-il mieux que ce fussent les minorités qui fussent prépondérantes et que les majorités subissent le joug du petit nombre ?

Pour se sauver de ce défilé, où il était facile de ne pas s'engager en convenant avec tout le monde que ce n'est pas seulement la majorité, mais la majorité bien composée qui doit faire la loi, M. Guizot dit à peu près ceci : « ce sont les gens éclairés qui doivent gouverner ; mais comme ils sont nécessairement en petit nombre, c'est le petit nombre des citoyens d'élite dont la volonté doit faire loi, parce que, d'après leur degré d'instruction, il y a présomption manifeste que le droit et la raison seront de leur de côté. »

Cette manière de raisonner quelque spécieuse qu'elle soit, doit être écartée en politique. Elle tendrait à conférer la direction de la société à l'académie des sciences. Sans doute, les lumières sont une condition nécessaire pour participer à la confection des lois ; mais une condition préalable et plus importante, c'est d'avoir un intérêt direct, matériel, évident à la chose publique en sorte que ses moindres souffrances réagissent inévitablement sur ceux qui participent à son administration. Un pays est un vaste domaine. Il n'y a que ceux qui en possèdent quelque partie qui aient droit à le gouverner ou à conseiller ceux qui l'administrent. Quelque versé que soit un homme en agriculture, il serait absurde à une réunion de propriétaires de lui permettre de venir donner ses ordres sur leurs terres. Qu'on ait égard à ses observations et même à ses réclamations, s'il se trouve lésé dans sa personne ou dans son industrie, rien de plus juste, mais confondre ses droits avec les leurs, ce serait commettre la plus étrange des aberrations. M. Guizot, dans le brillant éloge qu'il fait de l'instruction, oublie un genre de connaissances pratiques et conservatoires que la propriété peut seule donner et qui est d'une si grande importance, qu'une assemblée de propriétaires quelque illettrée qu'on la suppose, aura en politique des notions plus droites, une volonté plus juste et plus éclairée qu'une réunion de littérateurs et de beaux esprits appelés à délibérer sur les mêmes matières.

Les vérités politiques ne sont pas absolues comme semble le croire M. Guizot. Le mode d'administration, seule chose qui soit en question en politique, diffère selon la forme du gouvernement. Ainsi, une monarchie ne doit pas être régie comme une république, ni une république comme une aristocratie. La question

de savoir si les lois seront faites par un seul homme,
par tous les citoyens ou par un certain nombre n'a
aucun rapport direct avec l'essence même de la loi,
car tous les peuples, sous quelque régime qu'ils soient
placés, veulent être heureux et conviennent que la loi
doit être conforme aux principes de la justice, de la
morale, du droit et de la raison. Le problème à ré-
soudre n'est donc pas de savoir en quoi consistent la
raison et la justice, mais quels sont les moyens les
plus propres pour arriver à ce but, eu égard à la situation des peuples et au degré de civilisation auquel
ils sont parvenus.

Nous terminerons ces réflexions en remarquant
que si les minorités ne peuvent pas faire la loi comme
minorités, mais uniquement comme expression des
intérêts des majorités, les intérêts directs et distincts
des minorités véritables ne sont pas moins aussi
soigneusement ménagés qu'ils peuvent l'être dans
tous les gouvernemens réguliers. Ainsi en France par
exemple, par un admirable équilibre, on a établi
autant de modes de représentation qu'il y a dans la
société de situations distinctes. La multitude est représentée par le roi, les grands propriétaires ont été
représentés par eux-mêmes réunis en chambre des
pairs. Enfin les propriétaires des classes moyennes,
dont les intérêts ne diffèrent en rien de ceux de

la classe des petits propriétaires, ont nommé des délégués qui, réunis dans la chambre des députés, sont appelés à défendre leurs droits.

Dans cette admirable combinaison, la loi ne peut être faite, l'impôt ne peut être voté que par le consentement universel de toute la nation. Que peut-on désirer de mieux ? quel ordre de chose peut-on imaginer qui soit plus propre à assurer le bonheur des citoyens et à éloigner tout genre d'oppression ?

Les droits politiques, les droits de suffrage sont un appendice, une conséquence du droit de propriété : on ne saurait participer au Gouvernement dans un pays où l'on ne possède rien. Voilà pourquoi les femmes, les mineurs, les interdits n'ont aucun droits politiques. Il serait absurde en effet que les individus dont la volonté n'est comptée pour rien dans la famille, et qui ne sont maîtres ni de leurs actions ni de leurs biens, fussent comptés pour quelque chose dans l'État. M. Guizot voulant limiter le droit de suffrage, ne trouve pas de meilleur expédient que de placer ceux qui n'en jouissent pas au rang des individus atteints d'imbécilité et de folie. Évidemment c'est tirer une ligne de démarcation humiliante, et décider d'une chose par un principe qui ne s'y rapporte pas.

Le système de M. Guizot n'est qu'un point d'arrêt insuffisant contre la pente démocratique. Les citoyens qu'il prive du droit de suffrage, mais auxquels il laisse le droit périlleux de décider si les lois sont conformes à la raison et à la justice (page 212), sont écartés de l'urne électorale à un titre qui les déconsidère à leurs propres yeux. Pour dissimuler autant qu'il le peut cet inconvénient capital, il nous donne de l'incapacité politique, ou, si l'on veut de la *capacité politique*, une définition si obscure et si arbitraire, qu'elle n'est propre qu'à susciter des discussions inextricables entre les compétiteurs au droit électoral (*).

Combien l'opinion de M. le général Bugeaud en pareille matière n'était-elle pas plus claire et plus rationnelle, quand il dit : « Je ne veux pas permettre de porter des flambeaux dans mes greniers à l'homme qui n'y possède pas de grains. »

Il ne faut pas se le dissimuler, les doctrines de

______

(*) La capacité, dit M. Guizot, n'est pas simplement le développement intellectuel ou la possession de telle ou telle faculté particulière ; c'est un fait complexe et profond qui comprend l'autorité spontanée, la situation habituelle, l'intelligence naturelle des intérêts divers à régler ; un certain ensemble enfin de facultés, de connaissances et de moyens d'action qui embrassent tout l'homme, et décident bien plus sûrement que son esprit seul de sa conduite et de l'usage qu'il fera du pouvoir. (Page 220.)

M. Guizot, si elles prenaient crédit, ne feraient que déplacer désavantageusement le champ de bataille ; elles fourniraient bien vite aux républicains des moyens d'attaque analogues à ceux dont se servent maintenant les *radicaux* anglais pour combattre les *whigs*, dont les opinions ont une correspondance parfaite avec celle du parti libéral qui a opéré en France la révolution de Juillet.

Désirant faire pressentir quelle serait la situation prochaine des esprits et la direction inévitable que prendrait la polémique si l'on n'adoptait pas des principes plus solides et mieux définis que ceux de M. Guizot, on nous permettra de reproduire ici les argumens qu'ont fait valoir les radicaux anglais dans une réunion récente des électeurs de Westminster, à l'effet d'obtenir une réforme dans la réforme :

Lord Brougham. « Tous ceux qui savent apprécier l'influence du temps reconnaissent la nécessité d'abréger la durée des parlemens et de ne pas exclure de la direction de leurs propres affaires un grand nombre de nos concitoyens, quoiqu'ils soient d'ailleurs aussi indépendans et aussi capables que ceux qui sont aujourd'hui investis des droits électoraux. Je me suis prononcé dans le parlement et au-dehors contre l'injustice criante qu'il y avait à exclure des droits politiques des millions d'hommes qui seraient dignes d'en jouir. »

M. Roebuck. « Que le peuple frappe à la porte et on lui ouvrira. Il peut tout ce qu'il veut. J'aime à croire qu'il saura briser le joug des deux factions aristocratiques qui, en ce moment, abusent de leur pouvoir au préjudice du pays. Le gouvernement n'est qu'une petite fraction de l'aristocratie. Ses membres sont des républicains aristocrates qui veulent des places et des bénéfices. Ils en appellent aux masses et trompent le peuple par des promesses de réforme. Croyez-vous que j'ignore toutes ces formules de temporisation employées par eux pour tromper le public sur leurs véritables intentions. Réclamez-vous des progrès ou des améliorations ? ils vous répondent : Attendez, le moment n'est pas encore venu ; nous ne sommes pas libre de faire ce que nous voulons ; nous avons les mains liées. Mais patience : vous verrez bientôt ce que nous sommes capables de faire. — Nous l'avons vu sous Guillaume IV ; les whigs tremblaient à chaque instant de peur de se voir renversés (*).

(*) Les whigs furent d'abord républicains ; ils sont devenus, maintenant, par crainte de l'anarchie, les uns démocrates royaux, les autres moins hostiles qu'ils ne l'étaient à la royauté et à la pairie ; mais cette nouvelle position, rapprochée de leurs antécédens, leur laisse peu

» Une souveraineté nouvelle préside aux destinées de l'Angleterre ; maintenant ils ont la Cour pour eux, et ils commencent à se montrer tel qu'ils sont. Puisque les whigs ont entamé la partie, c'est à nous, électeurs de Westminster, à remuer le peuple. Nous avons des amis dans la Chambre des communes ; éprouvons leur valeur et sachons les compter. Les whigs sont entrés à la direction des affaires en 1830. Leur premier mot a été : nous y voilà, tâchons d'y rester. Le peuple demandait à grands cris le bill de réforme. Ils le lui ont donné forcés et contraints, mais après l'avoir laissé déchiqueter par les torys. Je ne terminerai pas sans insister sur l'inutilité et l'inopportunité de toute transaction, impossible d'ailleurs aujourd'hui entre les whigs et les radicaux. Maintenant, les membres de la Chambre des communes dévoués à nos intérêts doivent dire : « Nous sommes les représentans du peuple. »

M. O'Connell. « Je voudrais des parlemens de courte durée (*), le vote au scrutin, l'extension du

de moyens de résistance contre les prétentions des classes inférieures.

(*) Toute fonction, tout corps dont l'existence est de courte durée, renferment un principe démocratique. Le peuple, puissance mobile et changeante, veut rarement trois ans de suite la même chose. C'est dire assez que les institutions démocratiques, à moins que tous les citoyens ne

suffrage électoral, et si vous désirez savoir toute ma pensée, le suffrage universel (*). Le bonheur de l'humanité me semble attaché à l'œuvre de l'amélioration des institutions nationales. Nous sommes fondés à demander la réforme de la réforme, car elle n'a tenu aucune de ses promesses. Je ne négligerai rien pour

soient propriétaires, ce qui tempère alors l'ardeur des changemens, sont incompatibles avec la stabilité de l'État, et sont une source de révolutions.

(*) Si O'Connell est de bonne foi, ces paroles prouvent que c'est un politique à courtes vues. Comment ne comprend-il pas que, dans le suffrage universel, le vote des propriétaires est étouffé? Au surplus, O'Connell, qui voudrait voir régner dans l'État un certain ordre, car il n'est anarchiste que par circonstance, est dès à présent mainte fois débordé par les radicaux, surtout par ceux qui appartiennent aux classes ouvrières, qui menacent l'Angleterre d'un avenir effrayant.

Quelques publicistes plus modérés qu'O'Connell, restreignent aux seuls propriétaires l'avantage de jouir du suffrage universel et concentrent en eux ce qu'ils appellent la souveraineté du peuple. Cette combinaison, qui n'est admissible que dans la république pure, met à nu les bases de la société là où il y a des prolétaires, et place trop bas et trop près de ces derniers la digue destinée à les contenir. *Major è longinquo reverdutia.* En outre, si les propriétaires, grands et petits, jouissent du suffrage universel, cette exclusion blesse profondément les prolétaires, qui se voient réduits à la condition de sujets ; position d'autant plus intolérable, que les supériorités sociales qui les dominent sont d'un ordre moins élevé. En effet, sous un pareil régime, les pouvoirs intermédiaires et protecteurs, l'aristocratie et la royauté, sont annihilés ; ce qui tend infailliblement à mettre l'État en combustion au moindre différent sérieux, et à tenir les propriétaires en état constant de péril et d'alarme.

assurer un vote à tout Anglais. Mes amis, travaillez vous-mêmes à conquérir nos libertés. Les torys ne vous les accorderaient pas, les whigs ne vous les donneraient pas non plus. Ils ne vous les accorderont que si vous voulez les leur reprendre. No ennemis peuvent être ainsi classés. Les torys sont exécrables, les whigs ne sont pas aussi mauvais. »

Après deux discours conçus dans le même esprit que ceux que nous venons de citer et qui résument sous une forme animée les prétentions du parti démocratique, la résolution suivante a été adoptée : « Que la déclaration de lord Russel, chef du cabinet » actuel, que l'objet du bill de réforme a été de donner » la prépondérance à l'intérêt foncier sur les autres » intérêts du pays est en opposition avec le principe » d'une représentation égale et libre. »

Quant à nous, acquiesçant pleinement au principe de la déclaration de lord Russel, nous ne nous bornerons pas simplement à demander quel frein on opposera aux prolétaires s'ils font eux-mêmes la loi, et décrètent les impôts en vertu de la majorité numérique qui leur est acquise ?

Pénétrant au fond de la question, nous remarquerons que tous les argumens sur lesquels s'étayent les radicaux sont à peu près irrésistibles, si l'on se place dans le système de M. Guizot, surtout avec l'extension immense qu'il a l'intention de donner à l'instruction populaire. Dans notre système, au contraire, ils n'ont aucune force. Il suffit de leur opposer cette vérité politique de tous les temps, que l'homme qui ne possède rien ne peut jouir du droit de suffrage ni voter pour ceux qui possèdent, parce que le prolétaire, du moment où ses droits cessent d'être défendus par la royauté, a un intérêt hostile au maintien de l'ordre et à la conservation des propriétés.

En résumé, M. Guizot suppose que les Gouvernemens ont pour base les volontés individuelles auxquelles il impose pour règle le droit et la raison, principes abstraits sur lesquels les hommes sont loin d'être d'accord. Il n'a pas vu que les Gouvernemens reposent sur les intérêts matériels, et principalement sur la propriété, fondement inébranlable où viennent se rallier toutes les volontés. Entraîné par des abstractions séduisantes, ce philosophe, sans s'en apercevoir, a quitté le terrain des réalités pour se lancer dans une sorte de spiritualisme politique étranger au but qu'il s'était proposé et surtout sans utilité pratique. On dirait qu'il a cherché à nous apprendre quelles seraient les conditions d'un Gouvernement composé de purs esprits qui n'auraient rien à démêler avec les intérêts matériels. Loin d'imiter M. Guizot, il faut, selon nous, placer la politique dans des régions moins élevées et moins ardues ; il convient de ne pas lui faire perdre la terre de vue, et de la ramener à des notions positives aussi exactes que celles qui servent d'élémens aux autres sciences.

Tel est le but que nous avons cherché à atteindre. Le lecteur décidera si nous avons réussi. Pour peu qu'il ait suivi la chaîne de nos raisonnemens, il comprendra que dans tout État qui ne renfermerait pas de prolétaires, le suffrage universel et le gouvernement républicain pourraient être introduits sans inconvénient. La présence des prolétaires amène une modification dans la politique et dans le gouvernement. De là résulte la nécessité de constituer une hiérarchie où prennent place l'aristocratie et la royauté. Dans tous les pays qui n'auraient point de prolétaires, la royauté serait inutile et superflue, et l'aristocratie se résoudrait à l'instant dans le sens des intérêts démocratiques.

FIN.

Ouvrages du même Auteur.